Couverture inférieure manquante

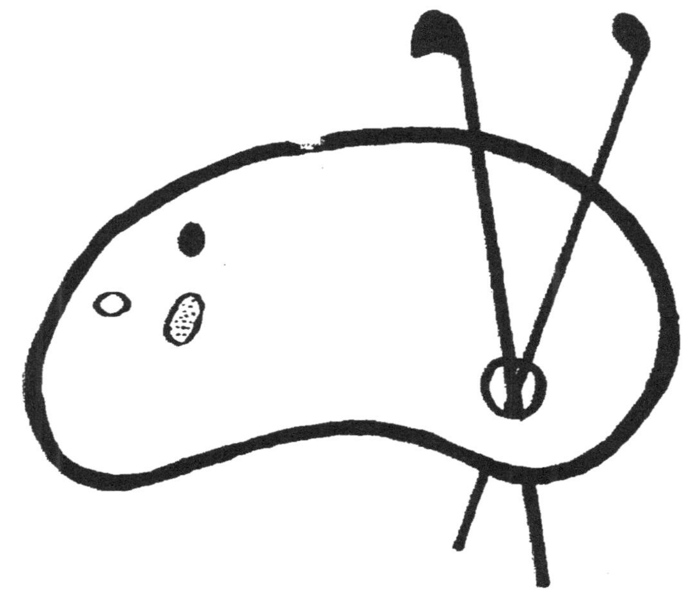

DEBUT D'UNE SERIE DE DOCUMENTS
EN COULEUR

DOCUMENTS HISTORIQUES INÉDITS
SUR LE DAUPHINÉ

NEUVIÈME LIVRAISON

JEAN DE BERNIN

ARCHEVÊQUE DE VIENNE

(1218-1266)

MÉMOIRE HISTORIQUE

PAR

Le Chanoine **ULYSSE CHEVALIER**

Correspondant de l'Institut.

PARIS

LIBRAIRIE ALPHONSE PICARD & FILS

82, RUE BONAPARTE, 82

1919

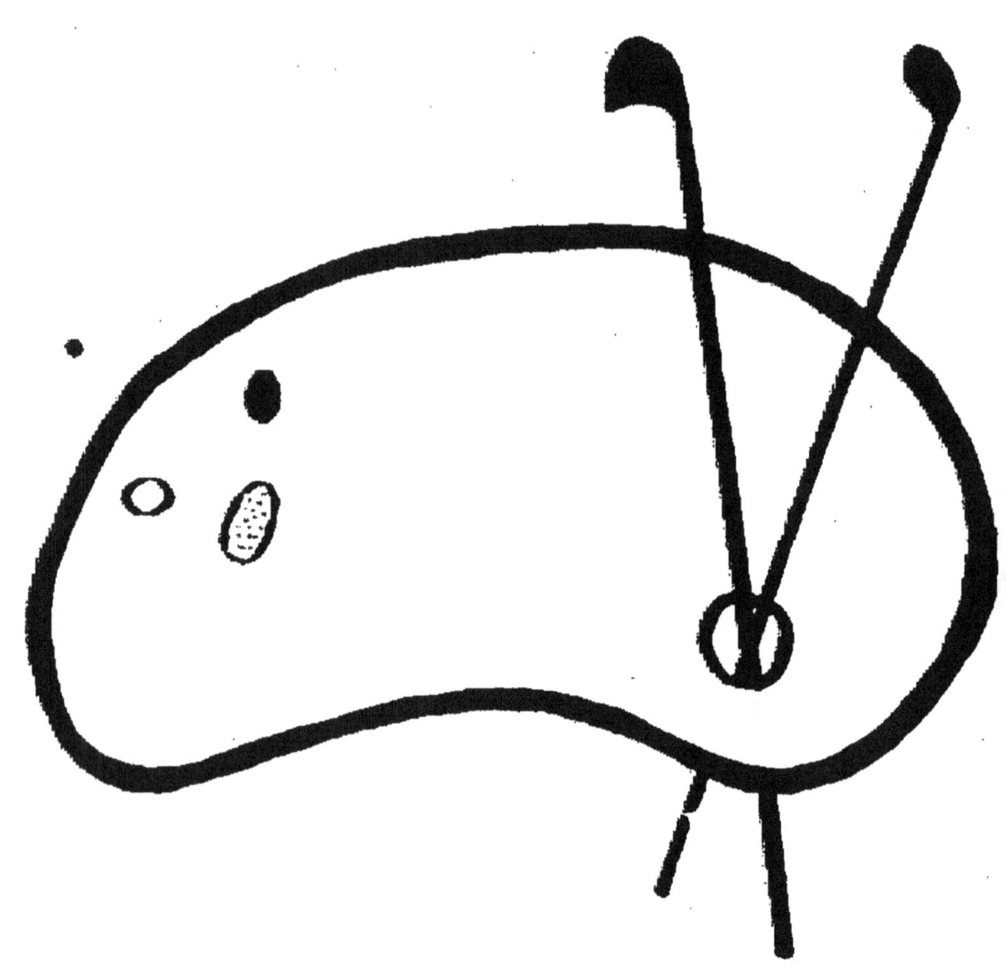

FIN D'UNE SÉRIE DE DOCUMENTS
EN COULEUR

JEAN DE BERNIN

ARCHEVÊQUE DE VIENNE

(1218-1266)

Lyon — A. REY, Imprimeur de l'Académie, 4, rue Gentil. — 5362.

DOCUMENTS HISTORIQUES INÉDITS
SUR LE DAUPHINÉ

NEUVIÈME LIVRAISON

JEAN DE BERNIN

ARCHEVÊQUE DE VIENNE

(1218-1266)

MÉMOIRE HISTORIQUE

PAR

Le Chanoine ULYSSE CHEVALIER

Correspondant de l'Institut.

PARIS

LIBRAIRIE ALPHONSE PICARD & FILS

89, RUE BONAPARTE, 89

1910

JEAN DE BERNIN

ARCHEVÊQUE DE VIENNE

(1218-1266)

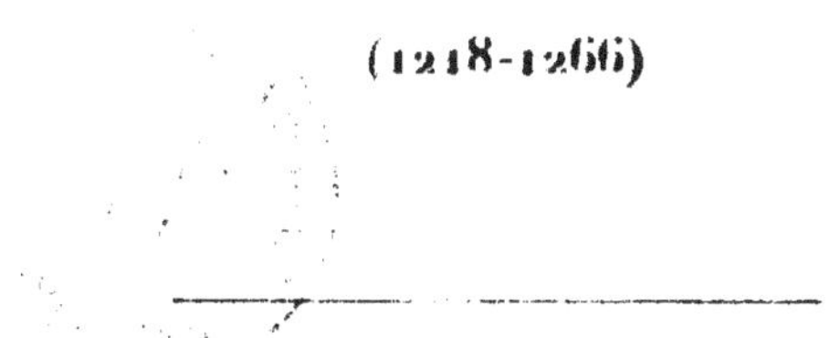

Il y a quarante-cinq ans, lorsque je commençai la rédaction des fiches qui aboutiront bientôt, s'il plait à Dieu, à la publication de mon *Régeste Dauphinois*, ou catalogue des actes relatifs à l'histoire de notre province antérieurement à sa réunion à la France (1349)[1], je fus frappé par la multiplicité des pièces concernant un archevêque de Vienne, qui occupa ce siège au XIIIe siècle durant quarante-huit ans, Jean de Bernin.

Jusqu'à notre époque, les historiens l'ont appelé *Joannes de Burnino*, Jean de Bournin, Brennins ou même Brognac. C'est au regretté chanoine Auvergne, doyen du chapitre de Grenoble, qu'on doit la découverte de son nom patronymique. En 1866, « deux bons jeunes gens » — devenus depuis, l'un, Edmond Maignien, conservateur de la Bibliothèque et du Musée de Grenoble, l'autre, Charles Bellet, correspondant

---

[1] On trouvera dans cet ouvrage l'indication des sources, manuscrites ou imprimées, des trois cent trente documents, inédits ou publiés, qui ont été utilisés dans ce mémoire historique.

de l'Académie de Lyon et protonotaire apostolique, — lurent
sous sa direction l'original d'une charte de l'abbaye des
Ayes émanée de cet archevêque (25 août 1262), dans
laquelle il prend le titre de seigneur de Bernin *(dominus de
Brenino*[1]); il y énumère tous les membres de sa famille
alors défunts: sa mère Gontarde, son frère Aymar, archevêque d'Embrun « d'heureuse mémoire [2] », sa sœur Pétronille, son frère Guiffrey, viguier de Romans, son autre frère
Radulphe, ses parents Guillaume Falatier (Falastey),
Guillaume de Cuyna, Aymar et Guillaume Falatier, damoi-
seaux; parmi les témoins, Pierre de Bernin, chanoine de
Saint-Ruf [3].

---

[1] *Brininum, Bregninum, Breninum, Berninum*, Bernin, sur le cours d'eau
de ce nom, au pied des monts de la Grande-Chartreuse, canton et arrondis-
sement de Grenoble. Une charte des *Cartulaires de Saint-Hugues*, de 1040
environ, mentionne Dalmace de Bernin comme possesseur d'une dîme à
Froges (p. 119); une autre, du même temps, parle du fief des chevaliers du
château de Bernin, fils d'Humbert (p. 200). Antérieurement à 1124, Engel-
bert de Bernin se dessaisit des dîmes de Saint-Pancrace et de Saint-Ber-
nard; ses fils s'en étant emparés après sa mort, furent excommuniés; eux
et leur mère y renoncèrent définitivement (p. 223-4). Le prieuré bénédictin
de Notre-Dame de Bernin était à la collation de celui de Saint-Laurent de
Grenoble (p. 348), auquel le chapitre de Grenoble céda, le 13 octobre 1234,
tous ses droits sur l'église et la paroisse.

[2] Il se fit bénédictin, devint abbé de Saint-Pierre à Vienne, puis monta
sur le siège épiscopal de Saint-Jean-de-Maurienne en 1221, d'où il fut
transféré à l'archevêché d'Embrun en 1235. Il mourut, le 24 mai 1245, à
Lyon (TERREBASSE, *Inscriptions*, t. I, p. 336-40), d'où son corps fut trans-
porté à Saint-Pierre de Vienne. Un article des comptes des procureurs des
Anniversaires du chapitre de Vienne pour 1246 prouverait, au besoin,
l'étroite parenté d'Aymar et de Jean : « recepit... pro archiepiscopo Ebre-
dunensi ix libr. quas solvit dom. J(ohannes) archiepiscopus Viennen. fra-
ter ejus »(*Actes capitulaires*, p. 117). Une autre charte des Ayes, de 1248,
témoigne qu'à cette date Pétronille et Aymar étaient déjà morts.

[3] *Une découverte historique, Jean de Bernin et non de Bournin, archevêque de Vienne*, dans *Bulletin de l'Académie Delphinale* (1865/6), 3ᵉ sér.,
t. I, pp. 339-45, 386-7, 435-9. A défaut d'autres documents, la famille de
cet archevêque aurait été indiquée par le *Nécrologe de Saint-Robert* :
« Johannes de Brenino » (p. 18); et par le *Pataphium s. Viennensis ecclesiæ* :
« Joannes de Brennins » (p. 26), que j'ai publiés depuis.

Par sa famille, il appartenait au diocèse de Grenoble. Ses antécédents nous sont inconnus et jamais il n'y a fait allusion ; l'époque de sa naissance n'est pas moins ignorée. Le droit canonique exigeant alors vingt-sept ans d'âge pour être élevé à l'épiscopat, il serait né au plus tard en 1191 et mort à soixante-quinze ans.

L'histoire de son long pontificat de quarante-huit ans n'a pas été écrite, mais on possède sur lui une notice sous forme d'épitaphe, due à un contemporain qui proteste de la vérité de son témoignage ; il y a lieu de la reproduire tout d'abord, en la traduisant, parce qu'elle résume les gestes de notre prélat dans tous les ordres d'idées où son activité s'est exercée.

« L'an de l'incarnation du Seigneur 1266, le 1 avril, est décédé le seigneur Jean, notre archevêque, qui a fait construire dans l'enceinte des cloîtres de l'église cathédrale de Saint-Maurice, du côté du midi, trois chapelles : la première en l'honneur de Notre-Dame, la seconde en l'honneur de saint Jean, et la troisième en l'honneur de saint Maurice et des saints Machabées. Qui a fait élever le château de la Bâtie et fait de vastes acquisitions alentour. Qui a acheté le château de Mantaille avec les droits et les possessions qui en dépendaient. Qui a fait construire à Vienne, à la descente du pont du Rhône, un Hôtel-Dieu et l'a doté de biens, terres et revenus, afin qu'à perpétuité les six œuvres de miséricorde [1] y soient exercées à la gloire de Dieu, pour le

---

[1] Il est à noter qu'une des plus anciennes représentations des six œuvres de miséricorde se trouve sur un petit bas-relief en ivoire du XIIe siècle, qui orne la couverture d'un livre d'Heures provenant de la Chartreuse (DU SOMMERARD, *Album du moyen âge*, 2e série, pl. XXIX). Elles sont d'ordinaire au nombre de sept : 1° Nourrir ceux qui ont faim ; 2° donner à boire à ceux qui ont soif ; 3° vêtir ceux qui sont nus ; 4° visiter les prisonniers (dans un cachot ou une enceinte fortifiée) ; 5° loger les pèlerins : 6° soigner les malades ; 7° ensevelir les morts.

soulagement des pauvres. Qui a acheté de Hugues de Pagny, seigneur de Vienne, le comté et le palais supérieur de Vienne, au prix de sept mille livres viennoises. Qui a doté cette sainte église de Vienne, son épouse, d'admirables édifices, d'un grand nombre de prérogatives, de présents et de droits. Qui a pareillement enrichi l'église de Romans, où son corps repose, et l'a aussi exhaussée. Qui a considérablement agrandi et embelli sa maison archiépiscopale de Vienne, où il a fait construire une très belle chapelle en l'honneur de la sainte Vierge. Qui a acheté une maison archiépiscopale à Romans et y a fait élever avec somptuosité une chapelle en l'honneur de sainte Catherine, vierge ; ayant eu soin d'assigner à l'une et à l'autre de ces chapelles des revenus suffisants pour qu'il y soit célébré à perpétuité des services pour le repos et l'âme des archevêques ses prédécesseurs et successeurs. Qui a décoré de somptueux édifices les basiliques de Notre-Dame-d'Outre-Gère et de Notre-Dame-l'Ancienne, de Vienne. Qui a construit la maison de Faisin ; acquis au même lieu des droits et des revenus considérables. Qui a révélé en personne le corps du patron de son église, le glorieux martyr Maurice, au lieu même où son corps repose, d'où il a rapporté son menton ; et ce même menton, déposé dans un précieux vaisseau, il l'a donné à son église avec des ornements pontificaux, savoir : deux chasubles vertes et deux rouges, des chappes, des tapis, qu'il a destinés à perpétuité au service de ladite église. Qui a décrété que la fête de la Révélation desdits martyrs, saint Maurice et ses compagnons, serait célébrée solennellement dans ladite église, et en révérence de cette fête, a assigné à perpétuité, pour le même jour, aux serviteurs de ladite église, une réfection générale dont les fonds seront pris sur le prieuré de Bougé, avec trois anniversaires qu'il a laissés en mourant. Qui a fait bâtir deux maisons aux Frères Mineurs, l'une à Vienne, l'autre à Romans, et la chapelle du Saint-Sépulcre dont il a affecté le cimetière à la sépulture des pauvres décédés dans ledit Hôtel-Dieu de Vienne. Et il a fait construire en majeure partie le pont du Rhône et le pont de Saint-Martin, à Vienne, et le pont de l'Ozon et le pont sur l'Isère, à Romans. Qui a obtenu du pape Innocent IV, de bonne mémoire, qu'il vint en personne, le jeudi de Pâques de l'an 1251, consacrer en l'honneur des saints martyrs, Maurice et ses compagnons, le temple ou l'église cathédrale, qu'il enrichit, à l'occasion de cette solennité, de perpétuelles et irrévocables indulgences papales. Il fut, en outre, un prédicateur zélé de la pure doctrine, l'hôte empressé des religieux, grand par son humilité même, doux par sa mansuétude, fort par sa patience, affable par sa bénignité, compatissant par sa tendresse, inoffensif par sa miséricorde, toujours prêt à soulager les malheureux par l'abondance de ses aumônes, administrateur habile des choses temporelles, sage réparateur des ruines spirituelles. Et enfin, pour résumer en peu de mots la longue série de ses actions méritoires, il crut en Jésus-Christ d'une foi absolue, croyant en lui, l'aima d'un cœur sincère et, en l'aimant, le désira de toute l'ardeur de ses vœux. Ce désir fut si vif à la fin de sa vie, que, méprisant profondément le monde et tout ce qui est du monde, toutes ses pensées se portèrent vers le ciel. Nous rendons témoignage de ce que nous avons vu de lui et nous savons que notre témoignage est véridique. Priez pour lui[1]. »

*
* *

L'époque de la mort de son prédécesseur Bournon, dont l'épitaphe avait été mal interprétée par CHARVET[2], doit être

---

[1] A. DE TERREBASSE, *Inscriptions de Vienne*, t. I, p. 365-9.
[2] *Supplément à l'Histoire de l'église de Vienne*, p. 13.

fixée au 1ᵉʳ février 1218 ; malgré la mention de l'Incarnation, le millésime 1219 est inadmissible, à moins de supposer que Bournon, peu de mois avant sa mort, avait résigné ses fonctions et s'était retiré au prieuré de Notre-Dame-de-l'Isle, à Vienne, où il prit l'habit de chanoine de Saint-Ruf, comme le porte son épitaphe.

Quoi qu'il en soit, Jean, élu pour lui succéder, alla se faire préconiser à Rome, et il figure parmi les neuf prélats que le pape Honorius III consacra de ses mains dans la deuxième année de son pontificat, soit avant le 23 juillet 1218 .

L'acte le plus ancien où il figure est du 23 avril 1218 : à la prière de Didier, évêque de Die, et de la communauté de cette ville, il appose son sceau à un accord entre eux. L'acte est passé à Die : l'archevêque était-il en route pour Rome ? J'estimerais plutôt qu'il en revenait, car il est qualifié d'archevêque et non d'élu. Il était de nouveau à Die les 30 juin et 1ᵉʳ juillet de la même année, ou, du moins, on le pria peu après de sceller de nouvelles concessions faites par l'évêque de Die à la communauté.

Son premier acte personnel est daté de Romans, le 1ᵉʳ décembre : il cède divers manses à Guillaume d'Arlia, qui était son bayle. Cette charte fut délivrée dans la propre maison de l'archevêque, ce qui n'est pas pour nous étonner, car il était abbé-né de la collégiale de Saint-Barnard : il y reviendra souvent et c'est là, qu'étant à Rome, il aurait donné mission de l'enterrer.

Dès le mois d'août précédent, le procureur de sa maison, l'archiprêtre Pierre, avait confirmé la vente de l'office de panetier par Briailles et Valareys. L'année suivante, le 27 août, Jean s'est rendu à Romans pour les besoins de son

---

¹ PRESSUTTI, *Regesta Honorii papae III*, 1888, p. 161ᵃ.

chapitre : après avoir pris connaissance des Constitutions, il prescrit de ramener à la mense commune certains revenus, sauf à indemniser les intéressés. En 1220, vers le 25 juin, Joscerand de Saint-Didier renouvelle entre ses mains l'abandon des églises de Pailharès et de Nozières en Vivarais. En 1223, dans la maison du doyen de Vienne, Guillaume de Sassenage, il ratifie la vente susdite de l'office de panetier. Le 22 novembre 1228, il met fin aux débats entre son viguier et son bayle à Romans, au sujet de leur juridiction. Ce rôle de pacificateur lui était familier. Une portion considérable des actes qui nous restent de lui est formée d'accommodements intervenus par ses conseils ou de sentences prononcées par lui à la demande des parties : ordres religieux, maisons princières, particuliers, etc. Bien souvent aussi, on lui demande de consacrer par sa présence, son approbation ou l'apposition du sceau archiépiscopal, les accords conclus par d'autres.

Comme abbé de Saint-Barnard, Jean de Bernin était seigneur du château de Peyrins, dont les serfs lui devaient hommage (14 février 1229). En chapitre général (21 février 1230), il décida avec les chanoines que le sacristain ou les procureurs ne céderaient aucun bien de la mense et ne conféreraient un bénéfice qu'après serment de payer les droits dus à l'église. En mai de la même année, Bernard, fils de Raymond de Peyrins, lui vendit l'office de cellérier, qu'il tenait de l'église de Romans, au prix de trois mille soixante sols viennois. Le 8 juillet suivant, on rechercha, en sa présence, dans les titres authentiques le tarif des droits perçus par l'église de Saint-Barnard aux foires de Romans. Le 24 novembre 1233, il investit un bourgeois des offices de chambrier et de maréchal de sa maison.

Il se rencontra dans cette ville, le 18 novembre 1246, avec Philippe, élu de la primatiale de Lyon (et procureur de l'église de Valence), qui était venu terminer comme arbitre une longue contestation entre le chapitre de Saint-Barnard et le dauphin Guigues : celui-ci prêta serment entre les mains de Jean de Bernin. Le 22 août 1247, l'archevêque met fin à un autre différend entre le même chapitre et François, fils de Lambert François de Peyrins. Il était présent au Chapitre général, le 20 novembre 1262.

*
* *

Sans absorber, on vient de le voir, la sollicitude de notre prélat, la métropole de Saint-Maurice, à Vienne, le préoccupait naturellement d'une manière plus spéciale.

Comme presque toutes les églises et monastères de cette époque, elle possédait avant lui un *Cartulaire*, du commencement du XIII° siècle (l'acte le plus récent de sa rédaction primitive est de 1203), dont j'ai publié jadis une reconstitution, d'après une analyse prise avant sa disparition, qui a permis de constater que toutes les pièces tant soit peu importantes avaient été copiées et publiées du XVII° au XIX° siècle[1]. Comme suite à ce recueil, il y avait un *Terrier de Vienne*, dont Secousse a extrait des chartes du XIII° siècle, qui figurent à la fin du cinquième Registre provenant du président de Valbonnais.

Il faut incontestablement attribuer à l'initiative éveillée et intelligente de Jean de Bernin la rédaction de deux autres registres, de format in-4°, qui nous renseignent admirablement sur la vie intime du Chapitre de Saint-Maurice, à son époque et au delà.

Le premier comprend cent trois feuillets, divisés en quatre séries : 1° *Statuta capituli sancte Viennensis ecclesie*, dont

---

[1] *Description analytique du Cartulaire du chapitre de Vienne* (Valence, 1891, gr. in-8°).

le premier est daté de 1225 (avec intercalation d'un acte de 1221, p. 21 de mon édition[1]) et le dernier de 1333; 2° *Feoda et recogniliones*, à partir de 1241 (avec additions qui reprennent cette série depuis 1228, p. 102) jusqu'en 1333; 3° *Compola seu rationes anniversariorum*, de 1241 à 1294; 4° *Rationes vel compola refectorariorum*, mêmes dates.

Le deuxième, de trois cent quatre-vingt-cinq feuillets, comprend tout entier, d'après un titre plus récent que le début : *Liber divisionum terrarum capituli ecclesie Viennensis, in quo continentur dona canonicorum et divisiones terrarum et obedienciariarum in porciones canonicas* (p. 125); il s'étend de 1228 à 1536. On y trouve l'époque, au moins approximative, de la mort de tous les membres du Chapitre.

Les chanoines se réunissaient plusieurs fois l'année en Chapitre général, présidé par l'archevêque, quant il était présent, pour délibérer et prendre des décisions concernant les intérêts de leur église et l'observation de la discipline ; ces réunions avaient lieu le lendemain du premier dimanche de Carême *(Carniprivium vetus)*, de la Saint-Jean-Baptiste, de la Saint-Maurice et de la Toussaint, mais à des intervalles parfois éloignés. On réagit souvent contre ceux qui veulent participer aux distributions tout en étant absents et contre le nombre toujours croissant des bénéficiers.

Le 2 (?) novembre 1220, l'archevêque et les chanoines décident que les bénéfices ne seront conférés qu'à ceux qui gardent la résidence. On est censé résider quand, présent ou absent, on tient durant toute l'année un ou deux clercs au service de l'église ; si le bénéfice vaut moins de dix livres, il suffit de la résidence pendant la moitié de l'année. Pour

[1] *Actes capitulaires de l'église de Saint-Maurice de Vienne* (Vienne, 1875, gr. in-8°).

avoir part à la division des terres, il faut avoir commencé la résidence et promettre au doyen ou, en son absence, à deux chanoines de la continuer. Ceux qui, avec la permission du Chapitre, demeurent aux écoles sont censés résidents, surtout ceux qui étudient la théologie. Une maladie, un pèlerinage entrepris avec la permission du Chapitre, la société du prélat, dispensent de la résidence : elle se compte à partir de la Toussaint. Le 25 juillet 1225, on constate à regret que chanoines et clercs n'observent pas exactement les anciens Statuts concernant le service de l'église « au préjudice et deshonneur des divins offices »; on renouvelle avec aggravation les prescriptions relatives à la résidence et aux peines infligées aux contrevenants. Le 13 juin 1245, après avoir constaté que la multitude des clercs surcharge d'une manière intolérable les anniversaires, on décide de ne pas recevoir de clerc dans le chœur pendant trois ans. Un an après (24 septembre 1246), on statue de nouveau que, pendant un an, nul clerc ne sera admis dans le chœur et nul ne deviendra chanoine sans l'assentiment individuel des membres du Chapitre. A l'assemblée capitulaire du 22 février 1248 9, le sacristain se plaint des charges que font peser sur lui la création de nouvelles fêtes et la multiplicité des anniversaires : l'archevêque augmente ses revenus, mais l'oblige à tenir au moins cinq lampes devant les autels, à se pourvoir de gens honnêtes pour la sonnerie des cloches et à faire approprier l'église de haut en bas durant la semaine sainte. Le 2 janvier de l'année suivante, on décide qu'aucun chanoine n'aura part à la division des terres vacantes, s'il n'a commencé de résider avec deux clercs un mois auparavant. Le 25 juin, même année, on règle que désormais la fête des Innocents se fera dans le grand chœur, sans masques ni bouffonneries des clercs et laïques. Les fêtes de saint Silvestre et de sainte Colombe seront de neuf leçons.

D'autres prescriptions liturgiques figurent dans les *Actes capitulaires*. Elles furent codifiées précisément à cette époque (entre 1240 et 1250) dans un manuscrit conservé à la bibliothèque de Grenoble et dont j'entreprendrai prochainement la publication : *Ordinarium sanctae Viennensis ecclesiæ in Gallia*. L'Ordinaire est un livre, à proprement parler, ecclésiastique et non strictement liturgique, qui indique la manière de réciter l'office divin, de célébrer la messe et de remplir les cérémonies qui les accompagnent[1]. Il permet, au besoin, de reconstituer le Bréviaire et le Missel de l'époque à laquelle il se rapporte.

Jean de Bernin fit rebâtir avec magnificence son église cathédrale de Saint-Maurice. Il tenait de sa famille une fortune considérable : il ne semble pas qu'il ait cherché à l'accroître, au contraire. Son épitaphe s'applique à louer le généreux emploi qu'il en fit. Elle lui attribue la construction de trois chapelles dans l'enceinte des cloîtres. L'église elle-même fut élevée à l'aide des contributions du clergé et des aumônes des fidèles. Le 28 mars 1228, l'archevêque et son chapitre frappèrent d'un impôt pendant cinq ans tous les membres de l'église : le doyen Guillaume, procureur de l'église de Valence, fut taxé à dix livres ; ceux qui ne payeraient pas exactement seraient privés de l'entrée de l'église et des distributions. Cette pénalité fut renouvelée le 4 mars 1231 2 et encore le 14 février 1249 50. Les travaux devaient approcher de leur terme, car le jeudi de Pâques (20 avril 1251), le pape Innocent IV, qui avait quitté Lyon la veille pour rentrer en Italie, consacra l'église de Saint-Maurice et l'enrichit d'indulgences.

En fait de constructions, signalons encore l'autorisation donnée par Jean de Bernin au sacristain, le 23 septem-

<hr>

[1] *Ordinaires de l'église cathédrale de Laon* (1897), p. v.

bre 1243, de percevoir pendant quatre ans vingt-cinq livres sur le péage pour rebâtir la maîtresse tour du château de Pipet, et sa décision, le 12 février 1250/1, d'affecter à l'usage public toute la place en tête du pont du Rhône à Vienne, qui venait d'être achevé.

Les ressources du chapitre de Vienne étaient alimentées par deux sortes de revenus :

1° Les Anniversaires, ou fondations pour célébration de messes annuelles en faveur des défunts, étaient gérés d'ordinaire par deux chanoines, qui rendaient leurs comptes le lendemain de la Saint-Jean-Baptiste (25 juin). En 1241, les recettes furent de huit mille sols trente-deux livres dix sols ; les dépenses de neuf mille sols quarante-six livres seize sols, soit un déficit de soixante-quatre livres six sols. En 1265, l'année qui précéda la mort de Jean de Bernin, les recettes furent de treize mille sols trente-deux livres quatre sols, et les dépenses de treize mille sols quarante-six livres six sols ; dans cette somme, les distributions *(librationes)* figuraient pour douze mille sols trente-deux livres douze deniers [1]. Comme on le voit, de tout temps les budgets ont eu une tendance à l'augmentation. A ce budget des Anniversaires se joignait celui des deniers des acquisitions, c'est-à-dire, *a)* les recettes pour fondations de nouveaux anniversaires, qui montèrent en 1265 à dix-neuf mille sols trente-deux livres douze deniers ; et *b)* les dépenses ou placements en rentes sur des terres ou des particuliers, qui s'élevèrent à quinze mille sols neuf livres seize sols.

2° Le Réfectoire était également géré par deux chanoines, qui prenaient le titre de réfectoriers et rendaient leurs

---

[1] La livre avait à cette époque une valeur approximative absolue de 19 fr. et relative au pouvoir d'aujourd'hui de 114 fr. Elle se divisait en 20 sous, valant chacun 0.95 c. ou actuellement 5 fr. 70. Le sou se subdivisait en 12 deniers, équivalant à 0.08 c. environ, soit aujourd'hui 0.42 c.

comptes le même jour que les procureurs des Anniversaires. En 1241, les recettes furent de trois cent quatre-vingt-dix livres dix sols, les dépenses de trois cent vingt-neuf livres. En 1265, les recettes furent de deux cent quatre-vingts livres, les dépenses de deux cent quatre-vingt-treize livres cinq sols. Entre ces deux dates, les ressources sembleraient avoir diminué : il n'en est rien, car les comptes de 1263 et de 1267 accusent des chiffres qui se rapprochent de ceux de 1241.

Il ne saurait rentrer dans notre cadre restreint de mentionner avec détails toutes les délibérations du chapitre de Saint-Maurice qui furent présidées par l'archevêque Jean : il suffira d'en indiquer l'objet par un mot. Cabiscol, février 1240/1. 1er mars 1245/6 ; redevances des clercs, 29 mai 1246 ; redevances des chanoines, 1er septembre 1248, 5 décembre 1254, 23 septembre 1255 ; fondations d'anniversaires, 2 novembre 1249, 2 novembre 1260 ; partage des terres et des cens, 2 janvier 1249/50, 23 septembre 1250, 23 février 1264/5 ; clerc marié exclu de la communauté, 22 octobre 1255 ; honneurs funèbres, 26 juin 1256.

Au pouvoir spirituel, l'archevêque de Vienne joignait l'autorité temporelle. Jean de Bernin ne prit jamais, à notre connaissance, le titre de seigneur (comme son voisin Falcon, évêque de Grenoble), ni celui de comte ou de prince (que lui donne l'empereur Frédéric II). Il était cependant suzerain des dauphins de Viennois. André avait rendu hommage à ses prédécesseurs Humbert (1206?) et Bournon (26 juin 1217); lui-même reçut en grande cérémonie celui du dauphin Guignes, majeur de quatorze ans, qui reconnut, dans la grande salle de l'archevêché, en présence d'une multitude d'ecclésiastiques, de seigneurs et de fidèles, tenir de lui tout le comté de Vienne, depuis Saint-Vincent audelà de Voreppe jusqu'aux fourches du Puy, qui séparent les diocèses de Vienne et du Puy, et lui en fit hommage lige (18 avril 1243).

L'énumération complète des hommages que l'archevêque et son chapitre reçurent des seigneurs particuliers, donnerait une idée assez exacte, mais encore incomplète, de l'étendue du pouvoir féodal de l'église de Vienne à cette époque ; il faut se borner à indiquer ceux où paraît Jean de Bernin en personne : 30 mars 1228, Hugues de Saint-Chamond, pour Layel ; 22 janvier 1237-8, Guillaume de Beauvoir, pour Septême ; 29 décembre 1239, Francon de Clermont, pour Saint-Geoirs. Le 17 novembre 1241, l'archevêque, le sacristain et deux chanoines reçoivent de Guichard de Condrieu le château de Mantaille et déployent sur la tour la bannière de Saint-Maurice ; le lendemain, les mêmes sont mis en possession, sur l'ordre de Geoffroy de Moirans, de Châteauneuf-de-Galaure et de Ratières. 11 mars 1241-2, Berlion de Montfalcon, pour clos à Ornacieux et cens à Somons ; 10 mai 1243, le prévôt de Condrieu, pour la mistralie de Saint-Michel. Le même jour, l'archevêque, accompagné des réfectoriers, de plusieurs chanoines, clercs et laïques, se rend au château de Malleval et somme Guichard de Condrieu de le lui rendre, ce qui est fait d'ordre du Dauphin ; le prélat y dine et fait hisser sa bannière ; le lendemain, il y célèbre la messe et prêche. 25 juin 1244/6, Drodon de Romanèche, pour le manse des Pinci ; 2 avril 1247, R. Franceys, pour biens à Sérézin, la Tour et Bourgoin ; 25 juin suivant, Barthélemy de Châteauneuf, pour terre à Montchal ; 25 septembre 1248, Joscerand et Martin de Bellegarde, pour Bellegarde ; 2 novembre 1249, Guillaume Ervis, pour fief à Commelle et Valarnont ; 1er octobre 1250, Geoffroy, seigneur de Moirans, vend à l'archevêque et au chapitre les châteaux de Ratières et de Châteauneuf-de-Galaure, au prix de mille livres Viennois. 24 avril 1251,

Nicolas d'Hauterives et Barthélemy de la Valette, au nom
du chapitre et de l'archevêque, se rendent au château de
Miribel de Valclérieu et somment Pierre Rostaing de le leur
rendre, ce qui est fait d'ordre de Roger de Clérieu ; on hisse
les bannières sur la tour ; de même au château de Bathernay.
14 janvier 1253/4, Silvion de Clérieu, pour Miribel de
Valclérieu et Bathernay ; 15 juillet 1257, Amédée d'Hauterives, pour Hauterives et Charmes ; 23 septembre suivant,
Guillaume Maugiron, pour biens à Chambost ; 1er décembre suivant, Guillaume Dudin, pour Ornacieux et
Valarnou.

Jean rendit une sentence arbitrale, le 1er septembre 1258,
entre le chapitre de Vienne et l'abbaye de Filly en Chablais.

La ville de Vienne et son souverain temporel, l'archevêque, ne reconnaissaient qu'un suzerain (presque nominal),
l'empereur. En avril 1238, Jean de Bernin se rendit à
Turin, à la cour de Frédéric II : il lui renouvela le serment accoutumé de fidélité et lui fit hommage de son temporel. L'empereur lui fit expédier trois diplômes : le premier confirmait tous les privilèges de son église ; le second
l'investissait par le sceptre des droits régaliens qu'elle
tenait de l'Empire, et par le sceau de la chancellerie du
royaume d'Arles et de Vienne ; le troisième confiait à l'archevêque et au chapitre la garde des châteaux de Pipet, des
Canaux et de Saint-Chef, avec les palais du port, il confirmait aussi les libertés de la ville.

Jean avait été accompagné à Turin par son frère Aymar,
archevêque d'Embrun, et par les évêques de Grenoble et de
Gap, qui obtinrent des diplômes confirmatifs des privilèges
de leurs églises, contresignés par leurs collègues. Jean, à
l'exclusion de son frère, figure aussi au bas du diplôme
accordé à la veuve du dauphin André.

De son plein pouvoir il accorda à sa ville archiépiscopale

une série de libertés, qu'il fit confirmer par le pape Innocent IV (1243-1254).

Dans les rapports de Jean de Bernin avec les comtes de Vienne et d'Albon, on ne saurait constater à aucun moment ni rivalité, ni hostilité : à sa bienveillance constante et à son sentiment inné de la justice, les dauphins répondirent toujours par de la déférence. Le 2 décembre 1221, Jean de Bernin assume l'obligation de frapper le dauphin André des censures de l'Église, au cas où il n'observerait pas son accord avec le duc de Savoie, au sujet de la dot de sa sœur, épouse de ce dernier.

En 1223, établi juge avec Aimar de Sassenage et Aymar de Bressieux entre le comte de Valentinois et le dauphin André, Jean de Bernin condamne ce dernier à restituer vingt mille sols sur trente mille que lui avait apportés en dot sa femme Semnoresse.

Dans son testament du 4 mars 1237, le même dauphin supplie l'archevêque de Vienne d'aider de ses conseils sa veuve et son fils. Vers 1238, le dauphin et l'évêque de Grenoble prirent son avis avant de faire construire, à frais communs, un marché, un four, une draperie et une boulangerie. Le 18 novembre 1246, nous l'avons vu, le dauphin promit entre ses mains d'observer l'accord procuré par Philippe de Savoie avec le chapitre de Saint-Barnard. Vers 1250, il le dispensa d'un serment dont la nature n'est pas indiquée. L'archevêque de Vienne et l'élu de Lyon ménagèrent une transaction entre Amédée de Genève, évêque de Die, et le dauphin Guigues au sujet des fiefs de Rousset, Revel, Rencurel et Châtelus (16 octobre 1253). Le 6 novembre 1256, il fut désigné avec Barral de Baux comme arbitre entre le dauphin, Charles, comte de Provence, et son épouse Béatrix. L'archevêque de Vienne et l'évêque de Die furent chargés par Alexandre IV de terminer le dissentiment entre l'archevêque d'Embrun et le dauphin, qui voulait construire un palais dans cette ville (1er septembre 1260). Enfin, le 17 juillet 1264, Guigues nomma Jean de Bernin exécuteur de son premier testament, de concert avec l'évêque de Grenoble et le prévôt de Saint-André.

Les archevêques de Vienne semblent s'être, jusqu'à cette époque, accommodés de la présence dans leur ville d'un second comte, qui l'était en même temps de Mâcon. Sa juridiction était nominale : il possédait cependant un palais près du monastère de Saint-Pierre. Jean de Bernin l'acquit, à Lyon, le 21 janvier 1262/3, de Hugues, sire de Pagny, au prix de sept milles livres Viennois, et ce titre de comte fut à jamais éteint en Dauphiné.

*
* *

C'est dans la correspondance des Papes qu'on trouve en abondance des renseignements sur la vie épiscopale de Jean de Bernin ; il y a sans doute lieu de regretter l'absence des lettres que lui-même écrivit au chef de l'Église, mais on sait qu'à cette époque le pape reproduisait exactement les termes d'une question avant d'y répondre. Le 25 mars 1221, Honorius III demande aux métropolitains l'envoi de missionnaires religieux, surtout Cisterciens, destinés à propager la foi chrétienne. Le 2 décembre suivant, le même chargea l'archevêque de Vienne et l'évêque de Grenoble de faire une enquête sur la vie et les miracles de Hugues, abbé de Bonnevaux. Par contre, le 5 mai 1233(?), Jean de Bernin et ses suffragants demandèrent à Grégoire IX de canoniser Étienne, évêque de Die. Le pape chargea, le 16 décembre, l'archevêque d'Embrun, l'évêque de Gap et l'abbé de Valcroissant de s'enquérir de ses vertus et de ses miracles.

Le 27 juillet 1233, le pape Grégoire IX, assuré de la foi et du discernement *(discretio)* de Jean, archevêque de

Vienne, lui confia la charge de légat apostolique dans les provinces de Narbonne, Arles, Aix et Vienne, et dans les évêchés de Clermont, Agen, Albi, Rodez, Cahors, Mende, Périgueux, Comminges, Lectoure et du Puy, avec pouvoirs spéciaux contre les hérétiques dans les provinces d'Auch, Bordeaux et Embrun, les diocèses de Catalogne et de la province de Tarragone et celui de Limoges.

En même temps, Grégoire écrivit aux archevêques, évêques, chapitres, comtes, barons, chevaliers et citoyens dépendant du nouveau légat, pour les informer de sa promotion et les inviter à lui prêter conseil et secours.

Il y ajouta des instructions spéciales à son adresse. Les décisions du cardinal Romain, auquel Jean succédait, touchant la paix et la foi, devaient être complétées et exécutées. Pouvoir d'absoudre les hérétiques et leurs fauteurs, les incendiaires, etc., et de dispenser des irrégularités. Il devait surveiller les élections épiscopales dans les terres de sa légation suspectes d'hérésie, pourvoir de recteurs les églises paroissiales qui en étaient privées et mettre dans tous les prieurés trois ou quatre moines.

Le 13 avril 1234, le pape retrancha de la légation de Jean de Bernin le diocèse de Clermont et y ajouta toute la province d'Embrun. Un mois après (12 mai), il l'autorisa à porter le pallium dans les limites de sa légation.

Des événements d'une importance exceptionnelle avaient mis en relief la personnalité de notre archevêque. A l'heure où il prenait possession de son église, les yeux de l'Europe chrétienne suivaient attentivement l'épilogue d'un grand drame : Simon de Montfort, contraint d'assiéger Toulouse, occupée par ses sujets révoltés et ses anciens vaincus, voyait s'anéantir les résultats de sa croisade et lui échapper les États dont la conquête l'avait rendu maître. Il déploya une inutile bravoure à retarder sa déroute : le 25 juin 1218, il

périt dans une sortie des assiégés. Le pape ignorait encore
cet événement le 19 juillet, car il écrivait, ce jour même, à
plusieurs archevêques parmi lesquels celui de Vienne, leur
demandant de prendre la défense de Simon contre le comte
Raimond et les Toulousains; moins d'un mois après
(11 août), il les priait d'exciter les fidèles chrétiens à secou-
rir Amaury, resté chef de la croisade après la mort de son
père, et, pour lui procurer des ressources, les mêmes
prélats devaient remettre au cardinal Bertrand le vingtième
recueilli pour la Terre-Sainte (5 septembre).

Le cardinal Conrad ayant succédé au légat Bertrand, l'archevêque de Vienne et ses suffragants furent invités à lui
venir en aide pour abattre l'hérésie et en débarrasser la
Provence (25 septembre 1220). Pour engager les fidèles à
prendre les armes, les croisés sont déclarés exempts de tout
péage (vers 26 mars 1223).

Le concile de Meaux (1228) et la paix de Paris (1229)
avaient virtuellement mis fin aux grandes luttes, en récon-
ciliant Raimond VII avec l'Eglise et avec le Roi. Toutefois,
le parti vaincu n'était pas anéanti et les seigneurs déposs-
sédés retrouvaient de chauds partisans prêts à se soulever ;
de sorte que la question albigeoise demeura l'une des prin-
cipales préoccupations des deux pouvoirs.

C'est à partir du 27 juillet 1233, jour où Jean de Bernin
fut promu légat, qu'il prit une part active à la lutte contre
les Albigeois. Grégoire IX lui écrivit à la même date pour
l'engager à employer les censures contre les perturbateurs
de la paix et de la foi.

Mais le pape ne tarda pas à donner des ordres moins
sévères. Le 13 janvier 1234, il recommande à son légat
d'user de mansuétude envers le comte de Toulouse et d'être
réservé dans l'emploi des sentences d'excommunication et
d'interdit ; prescription qu'il renouvelle et étend à tous les

évêques du Midi quelques mois après (18 novembre 1234),
espérant plus de la charité que de la sévérité (22 suiv.).

Le pape honorait son légat de toute sa confiance et se con-
tentait parfois de l'inviter à exercer ses fonctions d'une manière digne d'éloges dans le pays d'Albigeois (29 avril 1234).
Pour rehausser son prestige et consolider son autorité, il le
recommandait à ses collègues métropolitains (4 mai 1234),
au roi d'Aragon (même date), au roi de France (28 avril
1236).

Raimond VII, dont la puissance reconquise avait néan-
moins subi de sérieuses atteintes, mettait peu de zèle à
remplir sa promesse de combattre les hérétiques. Il encou-
rut plus d'une fois les foudres ecclésiastiques. Grégoire IX,
dans une importante lettre, mande à Jean de contraindre
au besoin par censure le comte de Toulouse à donner satisfaction à l'Eglise, à réformer l'Université de Toulouse,
à dissoudre les confréries et ligues dans le ressort de sa
légation, à révoquer les statuts contraires à la liberté
ecclésiastique, et à écarter les hérétiques des fonctions
publiques (28 avril 1236); il prescrit aux Toulousains de se
soumettre au légat (même date); enfin, écrivant directement au comte, il lui reproche d'avoir violé la paix conclue
avec l'Eglise et les statuts contre les hérétiques; il lui
enjoint d'aller au secours de la Terre-Sainte, sous peine
d'excommunication que prononcerait contre lui l'archevêque Jean, légat du siège apostolique (même date). Raimond ne mit aucune hâte à s'exécuter. Il avait promis de
payer dix mille marcs d'argent comme compensation des
dommages causés par lui aux églises et aux personnes ecclésiastiques; le pape et le légat furent obligés de lui rappeler
ses engagements (14 et 23 avril 1236).

Il est à croire que le comte de Toulouse avait prié le roi
de France (saint Louis), d'obtenir la révocation des inqui-

siteurs dominicains envoyés dans ses États. Le pape commit l'affaire à la discrétion de son légat (9 avril 1237); il lui ordonna (le même jour) de surseoir à contraindre Raimond à partir pour la Terre-Sainte en mars suivant.

Le comte paraît n'avoir pas été plus gagné par les ménagements qu'intimidé par les menaces. Au mois de mai suivant il était encore excommunié, et le pape, pour l'isoler, faisait menacer des censures les présomptueux qui oseraient communiquer avec lui (18 mai 1237).

Le comte de Toulouse avait payé cher sa paix avec le Roi; les clauses de sa réconciliation avec l'Église étaient dures, quoique moins onéreuses : combattre ses anciens partisans, aller guerroyer en Terre-Sainte, payer dix mille marcs d'argent, enfin (et c'est là l'origine de l'Université de Toulouse) entretenir à ses frais des régents qui enseigneraient la théologie et les arts libéraux. Mais le comte mit de la mollesse à réprimer les Albigeois, n'alla jamais en Terre-Sainte et laissa sans solde les maîtres de la naissante Université. Nouvelles raisons pour Jean de Bernin d'employer prières et menaces (20 mai 1237). Il réussit cette fois, car le 28 juillet, le légat était prié de protéger les négociateurs que le comte envoyait à Rome pour discuter les satisfactions qu'il devait à l'Église. Avant leur arrivée, le pape chargeait Jean de rappeler Raimond à l'observation des traités (8 août 1237).

Le terrible comte restait redoutable même après sa soumission, et son malheureux rival, Amaury de Montfort, était vaincu et accablé de dettes. Grégoire IX chargea l'archevêque de Vienne et les évêques de Béziers et de Carcassonne de faire acquitter par les provinces méridionales de la France les dettes contractées par lui au service de l'Église (31 octobre 1237): Innocent IV leur substitua les archevêques de Tours et de Bourges et l'évêque de Paris (2 janvier 1244).

C'est à ce que nous venons de dire que se borne la participation de Jean de Bernin aux événements du Midi, considérés dans leur développement extérieur, politique. C'est bien aussi leur aspect le plus significatif, à une époque où la foi des maîtres réglait à peu près la foi des sujets.

Cependant, ce qui nous intéresse davantage aujourd'hui, c'est de considérer l'Église agissant comme pouvoir spirituel, tâchant d'atteindre et d'obliger les consciences, seul domaine qui relevât directement de ce pouvoir.

Là, semble-t-il, résidait la principale fonction des légats du siège apostolique. Honorius III recommande à l'épiscopat du Midi le cardinal Romain envoyé « pour réparer les ruines de la foi » dans la province de Narbonne, etc. (14/15 février 1225). Jean de Bernin, successeur de Romain, reçut ordre de prendre un certain nombre de mesures conservatrices ou coercitives. Il accompagna les abbés de Grandselve et de Fontfroide, dans leur enquête parmi les Cisterciens de la province de Tarragone, soupçonnés d'être favorables aux Albigeois (1236). Le pape lui recommandait de compléter et de faire exécuter les décisions du précédent légat touchant la paix et la foi (27 juillet 1233).

Après le pape, l'empereur promulgue des constitutions contre les hérétiques pour les royaumes d'Arles et de Vienne (26 juin 1238). Pierre, archevêque de Narbonne. dirige contre eux des statuts, aidé des conseils et de l'autorité de l'archevêque de Vienne (1ᵉʳ octobre 1234).

Ce dernier créa des inquisiteurs[1] (2 et 29 mars 1236/7),

---

[1] Dans les nombreuses condamnations prononcées par les inquisiteurs Étienne de Saint-Thibéry, franciscain, et Guillaume Arnaldi, ils se disent délégués par l'archevêque de Vienne. G., grand archidiacre de Carcassonne, également inquisiteur, déclare aussi tenir ses pouvoirs du même légat (2 mars 1236/7). Voir L. TANON, *Hist. des tribunaux de l'Inquisition en France* (1893), p. 39, n. 2. — DOUAIS, *Documents pour servir à l'histoire de l'Inquisition dans le Languedoc* (1890), I, xj-xij; II, 69-71, et 72, n. 1. — Th. de CAUZONS, *Hist. de l'Inquisition en France* (1909), I, 443-4.

et nous avons vu que leur rôle gênait le comte de Toulouse ; appelé à opérer lui-même dans la ville de Montpellier, il dut tenir compte de la lettre du pape qui lui recommandait les consuls et le priait de veiller à ce que les punitions n'atteignissent pas des innocents[1] (17 septembre 1237).

Les directions pontificales paraissent soumises à des intermittences de mansuétude et de sévérité. Le 28 avril 1236, le pape avait ordonné au légat d'exiger du comte de Toulouse des mesures de répression, ainsi que nous l'avons vu ; le 14 juin 1236, il le chargeait d'obtenir du comte et des consuls de Toulouse la destruction des maisons dans lesquelles se réunissaient les hérétiques.

Ces actes d'autorité ne paraîtront pas excessifs pour l'époque où ils se produisaient ; le Souverain Pontife ne manquait pas de les tempérer par des conseils de modération et de pardon (27 juillet 1233, 26 février 1237).

Parfois l'absolution était conditionnelle (26 février 1237). Comme nous l'avons vu pour Raimond VII, le cardinal Romain avait imposé aux Albigeois convertis l'obligation de prendre part à la croisade qui devait avoir lieu à partir du mois de mars 1237. Ainsi, le pape se servait d'une conquête pour en préparer d'autres. Mais on eut le tort de différer l'exécution de cette pénitence, qu'un moment de repentir avait fait accepter. Il fallut recourir à des menaces : les convertis qui, ayant reçu la croix des mains du cardinal Romain, refuseront de s'enrôler, seront déclarés infâmes et hérétiques (14 juin 1236).

On vit bien que la contrainte ne saurait remplacer l'enthousiasme ; c'est pour le ranimer que le pape ordonnait à son légat de prêcher la croisade par lui-même ou par

---

[1] Le 12 mars 1238, Jean fut chargé d'autoriser les consuls de Montpellier à percevoir les anciens droits pour travaux en vue de la sécurité du littoral.

d'autres capables, et d'annoncer les indulgences qu'il accordait aux fidèles à cette occasion (22 mars 1238).

L'empire de Constantinople était menacé par Vatace et l'Occident demeurait impassible, inerte ; seule la grande voix des papes résonnait au milieu des peuples résignés pour leur rappeler les conditions de leur salut, même en ce monde.

Grégoire IX, bien conseillé ce semble, permettait à Jean de Bernin d'autoriser le rachat des vœux de croisade, ce qui procurait des ressources aux chefs, sans les embarrasser de soldats démoralisés (23 juin 1236).

Ce pape, dont l'étonnante vieillesse se passa en luttes sans trêve contre l'Empire, fut souvent obligé de fuir devant les séditions suscitées contre lui par Frédéric II. En date du 5 décembre 1234, il s'adressait aux archevêques de Vienne et d'Embrun, leur ordonnant de lui envoyer des hommes d'armes et des soldats pour réprimer l'insolence des rebelles romains.

Dès les débuts de sa légation, Jean dut recourir aux censures ecclésiastiques, notamment contre Artaud et Girard de Roussillon, qui furent excommuniés et leur terre soumise à l'interdit, à cause de leurs exactions sur le péage de Roussillon, ce dont ils firent amende honorable pour être absous (30 août 1233) ; contre Taurel de Strata et Barthélemy (Barral) de Baux, qui détenaient injustement le Comtat-Venaissin, avec ordre aux métropolitains de Narbonne, Arles et Aix de faire publier la sentence dans leurs provinces (3 janvier 1235/6) ; contre les habitants de Marseille insoumis au comte de Provence et ralliés à Raimond de Toulouse (1235, 18 juillet 1241) ; n'étant plus légat, il s'associe à la sentence d'excommunication prononcée contre Raimond de Toulouse et ses partisans Dragonet de Montauban et Barral de Baux par Zoen, vicaire du cardinal légat Jacques (15 juillet 1240).

Au bout de moins de cinq ans, la légation de Jean de Bernin eut son terme. Pour quels motifs cette mission de confiance prit-elle fin? On ne peut le dire : l'accusait-on de ne pas lire entre les lignes des injonctions pontificales, ou son tempérament pondéré et juste ne s'accommodait-il pas à l'ardeur toujours juvénile de Grégoire IX? Toujours est-il que celui-ci lui donna un successeur en 1238 : la chose ne semble pas avoir été le résultat d'une décision spontanée. Par une bulle du 21 mai, Grégoire nomme légat dans les provinces de Besançon, Vienne, Tarentaise, Embrun, etc. le (cardinal) évêque de Palestrina (Jacques Pecoraria); mais on a remarqué que dans le registre original le mot « Penestrin » est le résultat d'une correction; puis, le 23 août, il nomme également comme légat dans les provinces de Besançon, Lyon, Vienne, Tarentaise, Embrun, etc., l'évêque de Sora.

∴

Pour rendre plus sensible l'influence considérable exercée par Jean de Bernin, il y a lieu de présenter en séries objectives le reste des actes qui remplissent son long et laborieux épiscopat. — Et d'abord les conciles auxquels il participa.

Après avoir assisté au concile d'Orange (1229), Jean consacra, à la prière de plusieurs évêques, l'église de Bollène au diocèse de Saint-Paul-Trois-Châteaux; la qualité de légat qu'il se donne dans l'acte, forcerait de renvoyer l'expédition du document à 1233 au plus tôt.

De Grotta-Ferrata, le 9 août 1240, Grégoire IX invita Jean de Bernin, ainsi que son frère l'archevêque d'Embrun, à se rendre au concile qu'il comptait tenir à Pâques de l'année suivante, mais qui n'eut pas lieu.

Le 21 juillet 1244, Zoen, évêque d'Avignon et légat du

siège apostolique, accusa réception à Jean des décisions prises à Romans dans une réunion de prélats (le 14 mai).

Il y a tout lieu de croire que l'archevêque de Vienne participa au premier concile œcuménique de Lyon, qui se tint du 28 juin au 17 juillet 1245.

Innocent IV avait chargé, en 1248, les cardinaux Pierre et Hugues de réunir un concile à Montélimar : les prélats des provinces de Narbonne, Vienne, Arles et Aix se rendirent à Valence et y promulguèrent vingt-trois canons, le 5 décembre.

Peut-être faut-il attribuer à notre archevêque la tenue du concile provincial de Vienne mentionné dans une bulle de Grégoire X, du 3 mai 1272 *(Cart. de Saint-Chaffre,* p. 200), qui, antérieurement à celui de 1289, avait promulgué une sentence d'excommunication contre les envahisseurs des biens ecclésiastiques.

Passons à l'intervention de Jean de Bernin dans les évêchés de sa province ecclésiastique.

Bien rares les diocèses où l'autorité comtale n'était pas en conflit avec le pouvoir spirituel : celui-ci étant d'ordinaire antérieur à l'autre, on tendait à le supplanter par la violence. C'est ce qui arriva mainte fois à Genève.

En 1219, la situation était à l'état aigu entre l'évêque Aimon et le comte Guillaume. Jean de Bernin, choisi comme arbitre, constata que les transactions et accords antérieurs devaient être observés, se réserva la décision à prendre touchant la destruction du mur de la maison comtale, promit de faire exécuter dans sa province les sentences de l'évêque contre le comte (10 octobre) : il était à Desingy; le même jour, à Genève, il tranche un autre différend de l'évêque avec l'abbé d'Abondance, au sujet de diverses églises.

La même année, l'évêque de Genève s'était trouvé engagé dans la guerre entre le comte de Savoie et l'évêque de Lausanne : il était sur le point d'aliéner ses droits régaliens : le légat Bertrand et l'archevêque de Vienne l'en dissuadèrent.

Le 28 juin 1224, Honorius III confirma le statut dressé par le cardinal légat Conrad, du conseil de l'archevêque de Vienne et des autres évêques de la province, qui autorisait l'évêque de Genève à retenir cent livres de revenu sur les personnats.

Le 7 juin 1234, Jean rendit une sentence sur divers points en contestation entre l'évêque et le chapitre de Genève.

Il fut présent en février 1235/6 à la cession faite, pour cause de dommages, par Guillaume, comte de Genevois, au chapitre de cette ville.

En 1236, il ordonne à deux chanoines de Genève de parcourir le diocèse pour améliorer le sort des petites chapellenies.

Innocent IV le commit pour autoriser Aimon, seigneur de Faucigny, à qui son évêque de Genève était suspect, à ériger une chapelle dans son château de Monthoux (18 août 1245).

En 1249, le curé de Vétraz, au diocèse de Genève, poursuivit devant lui la démolition de la chapelle construite par le sire de Faucigny avec l'autorisation de l'évêque de Grenoble.

La même année, Jean donna commission à l'abbé de Hautecombe pour obtenir du comte de Genevois la cessation et la réparation des torts faits par lui et les siens au chapitre de Genève à Desingy.

A Peney (Suisse), le 31 août 1258, Jean rendit une sentence, du consentement de l'évêque de Genève, entre Trombert de Péron et Rodolphe de Lucinge, qui prétendaient tous deux au prieuré de Satigny.

La tendance à l'émancipation était générale ; elle existait

dans tous les rangs de la société : religieux et chapitres n'en étaient pas exempts. Par contre, la préoccupation des prérogatives n'était pas moindre.

Arbitre entre l'évêque de Grenoble Soffred et le chapitre de Saint-André, fondé par les dauphins à Champagnier, Jean de Bernin maintint la dépendance absolue, au spirituel et au temporel, des chanoines vis-à-vis de leur prélat (13 avril 1227).

Il interposa son autorité dans le même diocèse pour soumettre la maison de Fayssia ou Fessia au gouvernement de l'évêque (15 mars 1243-4).

L'évêque de Valence, Guillaume de Savoie, ancien doyen de Vienne, était à peine élu qu'il recueillit les suites de la lutte séculaire entre ses prédécesseurs et les comtes de Valentinois de la maison de Poitiers. Grégoire IX exhorta Jean de Bernin à faire cesser les hostilités d'Adémar, aidé dans son œuvre néfaste par les ennemis de la paix et de l'Église : il demandera l'aide des églises du Puy, de Viviers, de Die et de Romans, qui ont elles-mêmes à souffrir (13 avril 1235).

Les revenus multiples dont jouissait le clergé permettent difficilement de discerner les causes des embarras financiers qu'on rencontre fréquemment. L'église de Valence avait contracté des dettes énormes « pour la défense de la liberté ecclésiastique ». Grégoire IX autorisa la perception d'une dîme pendant cinq ans dans la province de Vienne, durant un an dans celle de Lyon et dans la légation de l'évêque de Tournai. Le résultat fut au-dessous des besoins et le pape enjoignit à l'archevêque de Vienne de lever dix mille livres Tournois en deux années dans sa province (21 août 1236); deux ans après il dut réduire la somme de deux mille livres (25 juin 1238).

La situation demeurait inextricable. Le 14 mai 1239, le

pape chargea Jean de Bernin et son frère l'archevêque d'Embrun de faire une enquête sur la situation des diocèses de Valence et de Die, dont les pasteurs avaient dû prendre plusieurs fois le chemin de l'exil pour se soustraire à la rage des nobles et du peuple ; ils uniront les deux églises s'ils le trouvent opportun, pour que, leurs ressources mises en commun, elles puissent mieux résister à l'insolence des révoltés (on sait que ce projet ne fut réalisé qu'en 1275).

Quatre jours après, il donna mission à l'archevêque de Tarentaise de payer les dettes du diocèse de Valence envers deux créanciers viennois et un lyonnais ; l'archevêque de Vienne fut taxé à trois cents livres.

Guillaume de Savoie accepta volontiers de quitter le siège de Valence pour celui de Liège en 1239. Son frère Philippe lui succéda sous le titre de procureur, mais manifesta en 1244 le désir de démissionner, pour se livrer à l'étude, etc. Jean de Bernin fut chargé par le pape de le délier de sa charge et de veiller à l'élection d'un successeur par le chapitre de Valence (8 mai). La suite de l'histoire de ce personnage, qui mourut comte de Savoie, a fait conjecturer à M. Élie Berger que sa proposition n'était pas sérieuse.

Honorius III chargea Jean de Bernin d'obtenir des abbés, prieurs et autres prélats et clercs du diocèse de Viviers de solder les dettes de leur évêque Bermond ; il devait au besoin les y contraindre par censures (24 octobre 1234).

Pour remplacer le successeur de Bermond, Arnaud de Voguë, le pape Alexandre IV confia à l'archevêque de Vienne le soin de préposer à l'église de Viviers Aimon, fils de Guillaume, comte de Genevois et chantre de Genève (1er février 1255). Jean s'acquitta de la commission et le souverain pontife daigna écrire à l'évêque de Maurienne pour faire rembourser, sur les biens de l'évêché de Viviers, à Rodolphe, comte de Genevois, les grandes dépenses qu'il avait faites pour obtenir un évêché à son frère (11 mars suiv.).

.•.

Jean de Bernin reçut plusieurs fois la mission de confirmer des élections d'évêques ou de proposer des sujets dignes de l'épiscopat.

Le Chapitre de Maurienne avait donné comme successeur à Amédée de Genève, mort en octobre 1220, son propre doyen, Jean. Cette élection fut déclarée non canonique et invalidée par l'archevêque et le chapitre de Vienne. Le pape en écrivit à Jean de Bernin, le chargeant de la confirmer s'il trouvait l'élu apte aux fonctions épiscopales et si les suffrages qui l'avaient désigné émanaient de la majeure et plus saine partie du chapitre : l'élection fut maintenue (24 avril 1221).

Le 5 juin 1226 Honorius III demanda aux archevêques de Lyon et de Vienne de se rendre au Puy avec Pierre de Bouthéon, chanoine de Vienne, pour s'y informer des revenus de l'église et lui faire payer ses dettes à divers créanciers de Rome, Sienne, Pavie et Lucques. Jean de Bernin mit quelque temps à s'acquitter de la commission. Le 27 mai de l'année suivante, il attesta à Aiguilhe *(Aculea)* avoir décidé l'évêque et le chapitre à rembourser mille marcs d'esterlings.

Alexandre IV le chargea de promouvoir aux ordres Armand, élu évêque du Puy, et de réunir les évêques requis pour lui donner la consécration épiscopale et recevoir son serment de fidélité (15 mars 1256).

Après la translation de Jean Algrin, archevêque de Besançon, au patriarchat de Constantinople, les délégués

des chapitres de Saint-Jean et de Saint-Étienne élurent pour
lui succéder Pierre, abbé de Saint-Bénigne de Dijon ; l'archevêque de Vienne et l'abbé de la Ferté furent chargés par
Grégoire IX de le confirmer (21 mars 1228), ce qu'ils
n'osèrent faire pour des motifs qu'il n'entre pas dans notre
cadre d'exposer longuement.

Au décès de Bernard de Mèze, évêque de Maguelonne, le
chapitre choisit pour lui succéder le prévôt Jean de Montlaur ; son élection fut discutée et les choses traînèrent en
longueur. Le 21 mai 1231, Grégoire IX ordonna une
enquête ; le 7 juillet 1232, il manda à Jean de Bernin de
signifier à l'archidiacre de Narbonne, à l'abbé de Saint-
Pons-de-Thomières et au prévôt de Nîmes de finir cette
affaire dans un mois. Elle était loin d'être terminée quand le
pape écrivit à Jean de Bernin et à l'évêque de Cambrai
(Tournai ?) de s'abstenir dans cette cause jusqu'à nouveau
mandat (29 octobre 1233) ; Jean et l'évêque de Tournai
venaient de lui écrire pour l'assurer que les chanoines
avaient procédé selon les prescriptions canoniques. Grégoire IX chargea dans l'intervalle notre archevêque, de
concert avec l'évêque de Carpentras, de mander auprès de
lui Jean de Montlaur, qui allégua des raisons de santé pour
s'en dispenser ; finalement l'archevêque de Vienne reçut
ordre de le confirmer et de le faire sacrer (9 février 1234).

Du Latran Grégoire IX écrivit, le 14 janvier 1234, à son
légat Jean de Bernin pour lui confier une mission délicate :
il le chargeait de se rendre en personne à Orange pour y
procéder à une enquête contre l'évêque Amic, accusé de
toutes sortes de crimes.

Dix jours après (le 23), il annonçait à l'ancien évêque de
Toulon, Jean Baussan, élu archevêque d'Arles, qu'il rece-
vrait le pallium par l'intermédiaire de son collègue de
Vienne.

Le 2 mai même année, il se plaignait à saint Louis de la conduite de ses baillis en Albigeois et lui demandait d'envoyer un plénipotentiaire qui réglerait, de concert avec Jean de Bernin, les différends entre les évêques et le fisc.

Le même pape chargea Jean de recevoir la démission d'Henri, évêque de Nice, et de lui assurer un revenu convenable, le 28 novembre 1235, et celle de Pierre, évêque de Lodève, le 28 avril 1238.

Comme légat, Jean s'opposa à la promotion de Géraud, archiprêtre de Salviac, à l'évêché de Cahors : on possède à ce sujet une lettre de Grégoire IX à l'archevêque de Bourges (13 février 1237).

La *Gallia christiana nova* (t. VI. instr. c. 116) a rapproché de l'année 1240 une lettre de Jean de Bernin au pape, qui est antérieure, étant comprise dans les années de sa légation (1233-8): il lui annonce l'accord qu'il vient de ménager entre l'archevêque de Narbonne et les moines d'Alet. Elle est de nature à nous faire grandement déplorer que les archives de la chancellerie pontificale n'aient pas conservé les rapports envoyés fréquemment par lui au Saint-Siège sur les affaires aussi nombreuses que diverses qui motivaient son intervention et ses décisions : lui-même nous dit qu'il fatiguait les oreilles du pape, même en se restreignant à lui faire part des affaires importantes[1].

En 1243, le 21 juillet, Innocent IV commit Jean de Bernin pour l'examen de l'élection de R..., grand archidiacre de Béziers, comme évêque de cette ville, puis, les 4 et

---

[1] *Scissura frequens et quotidiana turbatio, quæ pluribus in locis commissæ mihi legationis emergunt, cogunt me, pater sanctissime, relationibus variis aures vestræ sanctitatis implere, non ut referam universa, prout necessitas communis exposceret, sed ea duntaxat quæ scrupulis altioribus involuta præsentis vel imminentis contemplatione periculi statum ecclesiarum et pacis possent evertere vel gravare.*

7 septembre, écrivit à Zoen, élu d'Avignon, dans la double hypothèse de l'annulation et de la confirmation de l'élection par l'archevêque de Vienne.

Celui-ci approuva les statuts édictés par Raimond, évêque de Fréjus, sur l'obligation pour les clercs de se faire ordonner dans l'année (22 septembre 1235).

Grégoire IX mande à Jean d'annuler la promesse faite à deux prêtres de Lyon par le chapitre de Saint-Etienne, de leur donner la succession du sacristain et du trésorier de cette église (3 février 1235).

Il était témoin, en juin 1254, de l'hommage du clerc Hugues d'Ampuis et de ses parents à l'église de Lyon pour le château de Condrieu.

⁂

Les ordres religieux sollicitèrent bien souvent son attention. Ils constituaient une puissance dans l'Eglise, avec laquelle tous devaient compter : Rome y trouvait son meilleur appui et leur accordait volontiers la protection de Saint-Pierre, l'exemption de l'ordinaire et une multitude de privilèges.

Le 27 juillet 1233, Grégoire IX avait mandé à Jean de Bernin de pourvoir à ce qu'il y eût dans chaque prieuré trois ou quatre moines.

Il s'agissait surtout des Bénédictins, dont Cluny était le chef d'ordre en France. Jean de Bernin eut mission d'Honorius III de confirmer l'élection de l'abbé Roland (19 août 1220) ; il bénit Etienne de Brancion, élevé à la même charge en 1230. Innocent IV le délégua pour juge entre l'abbé de Cluny et l'ouvrier de Saint-Gilles, en différend au sujet de l'observation d'un accord antérieur relatif à l'élection de l'abbé du monastère languedocien. Jean, après avoir ouï les parties (28 février 1243/4), les assigna à comparaître devant lui, à Vienne, le 4 mai, pour entendre son prononcé.

Antérieurement, Honorius III avait chargé l'archevêque de Vienne de faire, de concert avec l'abbé de Saint-Victor de Marseille, une enquête sur l'abbé de Saint-Gilles, accusé de dilapidations et d'autres méfaits (12 juin 1218).

Lui-même confia à Raimond, évêque de Toulouse, le soin d'informer contre l'abbé de Lezat (novembre 1237).

Grégoire IX lui avait ordonné d'exclure de l'administration du monastère de Tulle, Élie de Ventadour, élu par violence et peu recommandable (20 décembre 1235).

Une lettre d'Honorius III à l'abbé de la Chaise-Dieu nous apprend que l'archevêque de Vienne avait donné son consentement à la construction d'une église dans le fonds du prieuré de Savigneux par Guigues, comte de Forez (23 février 1225).

La même année, le chapitre général de l'ordre de Cîteaux chargea l'abbé de Bonnevaux de porter à Jean des lettres d'excuse au sujet de l'enterrement, par l'abbé de Mazan, d'un noble excommunié.

A Vienne, le 30 mars 1240, il autorise, par sa présence, un échange entre le prévôt d'Oulx et le prieur de l'hôpital de Saint-Gilles ; à Vienne encore, en décembre 1253, il vidime l'acte de liberté accordé au prieuré de Saint-Sauveur-en-Rue en 1174.

Le 2 mai 1234, Grégoire IX, en confiant à Jean, à raison de ses grands mérites, le soin de corriger les excès des religieux et autres exempts dans le ressort de sa légation, en avait excepté les Cisterciens. Il ne resta pas cependant indifférent à leurs intérêts, car il vidima et scella la bulle d'Innocent IV (28 octobre 1247) qui mettait le monastère de Léoncel sous sa protection et celle de ses suffragants, des abbés, prieurs, archidiacres, prévôts, archiprêtres et autres prélats de la province de Vienne, contre les vexations dont les religieux avaient à se plaindre. Nonobstant leurs privilèges pontificaux, les mêmes religieux remirent entre les mains de l'archevêque le soin de trancher les difficultés qui pourraient surgir entre eux et la maison de Marnans à la suite d'un accord (2 mars 262/3).

Grégoire IX chargea, le 26 octobre 1228, les archevêques de Lyon et de Vienne, ainsi que leurs suffragants et les autres dignitaires ecclésiastiques de leurs provinces, de sévir contre les clercs, chanoines réguliers, moines et laïques qui molestaient les Chartreux. Innocent IV adressa une lettre semblable à l'archevêque de Vienne et à l'évêque du Puy (1246).

Nous comprendrions moins aujourd'hui qu'un ordre religieux puisse recourir à une autorité extérieure pour régler ses conflits intimes. Cela tient à une solidarité plus étroite, à une concentration extrême des responsabilités et des pouvoirs qui ne pouvait avoir lieu au moyen âge. Il ne faut donc pas s'étonner si le pape rappelle à l'archevêque de Vienne et à l'évêque de Grenoble de faire observer les décisions du cardinal Hugues au sujet des discussions entre les frères de la Chartreuse et les prieurs de l'ordre (11 mai 1255).

Jean de Bernin eut trois fois à s'occuper de la chartreuse de Portes (5 octobre 1233, 24 septembre 1243 et 8 décembre 1250), pour protéger les religieux et leurs biens.

Il fut délégué, comme tiers arbitre, dans une discussion entre l'abbé de Bonnevaux et le prieur de la chartreuse (8 août 1521).

Se trouvant à Romans, il exempta les chartreux du Val-Sainte-Marie (Bouvantes) de tout péage sur le pont de Romans, qu'il avait fait construire (4 juillet 1262).

Le 19 février 1255/6, à Lyon, dans le couvent des Dominicains, il régla, de concert avec Philippe, élu de la primatiale, entre le prieur de la Grande-Chartreuse et son couvent, et les prieurs de Portes et du Val-Sainte-Marie, la manière de tenir le chapitre général. Alexandre IV donna sa confirmation le 10 octobre suivant.

Le prévôt de Valence, abbé de Saint-Pierre du Bourg, s'était plaint de ses chanoines à Honorius III, qui commit l'affaire à l'abbé de Droe (Doüe ?) et autres.

Les chanoines en ayant appelé au pape lui-même et s'étant rendus auprès de lui, celui-ci confia l'affaire au cardinal Romain, mais le procureur du prévôt les dénonça comme excommuniés ; ils firent remarquer la nullité de cette sentence, postérieure à leur appel. Honorius III chargea l'archevêque de Vienne, le doyen du Puy et le prévôt d'Oulx d'entendre les parties (12-13 décembre 1219). Sur une plainte plus accentuée du prévôt, le pape aurait révoqué la commission donnée à Jean de Bernin (23 janvier 1220), mais il eut bientôt la preuve que la bulle dont le prévôt s'était servi pour excommunier les chanoines était fausse, et il chargea Jean de Bernin de punir le faussaire (30 mai 1220). La même année (5 décembre), l'archevêque, sur commission du cardinal Conrad, réforma le chapitre de Saint-Pierre du Bourg : les considérations dans lesquels il entra prouvent qu'il avait la science des détails et qu'il croyait à l'efficacité des sanctions d'ordre pécuniaire.

Jean de Bernin eut peu de rapports avec l'abbaye de Saint-Ruf, alors à Valence dans l'île de l'Esparvière. En 1223, il atteste qu'à sa prière l'abbé avait décidé que les femmes installées dans le prieuré d'Onnonnas en sortiraient. En 1238, il avisa le pape de l'échange de l'église et île de Cette, fait par l'abbé avec le prévôt et le chapitre de Mague-

lonne : comme elles avaient été données à l'ordre par
Lucius III et Urbain III, sous clause de cens annuel et de
non-aliénation, Grégoire IX cassa cette cession par lettre à
l'archevêque d'Arles (21 juillet 1238). En permettant à
l'abbé de conserver la jouissance des revenus du prieuré de
Saint-Ruf d'Avignon, Innocent IV rappelle que deux de
ses prédécesseurs y avaient été autorisés par le cardinal
Conrad et l'archevêque de Vienne (3 novembre 1253). Le
1er juillet 1257, étant à Romans, Jean vidima une inféoda-
tion faite en mai 1197 par l'abbé de Saint-Ruf.

Dans la même ville, le 3 septembre 1253, il rendit, de con-
cert avec Aymar de Grignan, une sentence entre le prieur de
Saint-Félix, à Valence, et Silvion de Clérieu, seigneur de la
Roche, qui dut rendre l'île de Sillart (Cilians).

Les deux grands ordres religieux du xiiie siècle étaient
nés bien peu d'années avant l'épiscopat de Jean de Bernin :
les Franciscains en 1208, les Dominicains en 1215.
Son épitaphe relate qu'il fit construire deux couvents de
Frères Mineurs : l'un à Vienne, l'autre à Romans. Innocent IV le chargea d'user de son autorité pour faire observer les sentences du provincial des Frères Prêcheurs de
Provence contre les apostats de son ordre (15 juillet 1243).
Deux ans après, il lui manda d'empêcher les fidèles de sa
province de molester ces religieux (17 septembre 1245).

Jean vidima, d'après les originaux, treize bulles de
Grégoire IX en faveur des Dominicains du Puy (après
10 mai 1248).

⁂

Encore quelques faits concernant l'action de Jean de
Bernin sur les monastères de son diocèse.

Grégoire IX le chargea de contraindre les religieuses de

Sainte-Colombe sur le Rhône à reconnaître l'autorité de l'abbé de Saint-Pierre de Vienne (16 avril 1233).

Jean adressa à Barthélemy, abbé de Saint-André-le-Bas, un règlement touchant le gouvernement de son monastère (1245).

Il voulut soumettre aux statuts réformateurs de Grégoire IX l'abbaye de Saint-Chef *(S. Theuderii),* ce qui fut sans doute possible jusqu'au moment où Aynard (de la Tour) en devint abbé. Celui-ci, à raison de ses alliances, crut pouvoir faire échec à son archevêque, à qui il fit ordonner par le pape de modérer son zèle, sous peine d'y être contraint par le doyen de Clermont (11 mai, 7 juin 1253). Aynard dut cependant implorer le secours du prélat et reconnaître que ses vassaux étaient du domaine du chapitre de Vienne (25 juin 1255).

Des multitudes de pauvres et d'infirmes, « plutôt des monstres que des hommes », affluaient à l'hôpital de Saint-Antoine de Viennois. Pour subvenir à leur entretien, le maître déléguait des frères quêteurs, que les papes recommandèrent maintes fois à la générosité publique (16 décembre 1244, etc.). Mais bientôt de faux quêteurs détournèrent à leur profit les ressources de la charité ; des clercs et laïques, avec enfants et servantes, transformèrent leurs maisons en hôpitaux pour solliciter des aumônes. Les souverains pontifes prescrivirent aux évêques de sévir contre les coupables et de les obliger à restitution (5 juillet 1232, 27 août 1240, 9 août 1245).

Jean de Bernin bénit le cimetière de la maison de l'Aumône, le 19 novembre 1246, consacra l'autel de la chapelle de Sainte-Catherine l'année suivante, et l'autel de la chapelle basse de l'hôpital en l'honneur de la Vierge Marie, le 3 février 1251/2. Innocent IV lui confia le soin d'ériger la maison en couvent régulier sous la règle de saint Augustin

(22 avril 1247) et le donna, avec d'autres, aux Antonins, comme protecteur pour l'exécution de la bulle qui autorisait leurs maisons à avoir un oratoire et un cimetière (30 mai 1252). Notre archevêque leur laissa (dans son testament) cent livres tournois pour son anniversaire.

L'intervention de Jean de Bernin dans une persécution contre les Juifs est connue ; il suffira de la résumer. La communauté *(universitas)* des Juifs de la province de Vienne s'était plainte au pape Innocent IV que Dragonet, seigneur de Montauban au diocèse de Vaison, après avoir accusé leurs coreligionnaires de Valréas d'avoir crucifié une jeune fille trouvée morte dans un fossé, les avait soumis à toutes sortes de tourments ; de plus, l'évêque de Trois-Châteaux, le connétable de Valentinois et divers nobles de la province en ont dépouillé de leurs biens et mis en prison. Innocent IV manda à l'archevêque de Vienne de vérifier l'exactitude des faits et, s'il y avait lieu, de faire rendre la liberté et leurs biens aux Juifs incarcérés (28 mai 1247) ; il serait infiniment intéressant de retrouver le rapport que Jean de Bernin ne manqua pas d'adresser au souverain pontife, alors à Lyon. On ne saurait douter de sa charité pour les persécutés ; peut-être eût-il à s'en repentir, si l'on en juge par la lettre que le même pape lui envoya d'Assise, le 23 juillet 1253, pour l'autoriser à purger sa province des Juifs trop longtemps tolérés, au scandale et dommage de beaucoup de chrétiens, et qui n'observaient pas les statuts apostoliques les concernant.

On a dit que Jean de Bernin était issu de sang royal et

apparenté à la maison de Savoie ; il n'en est rien, comme on
l'a vu, et je n'oserais même affirmer que ses rapports
fréquents avec les princes de Savoie ont donné lieu à cette
supposition.

La bienveillance de la papauté envers cette famille se
manifeste à toutes les époques, au détriment parfois des
dauphins de Viennois. Etant à Lyon, Innocent IV recom-
manda à Jean de Bernin et à l'archevêque de Tarentaise la
princesse Béatrix de Savoie, comtesse de Provence, qu'il
avait placée sous la protection de saint Pierre (6 mars 1246).
Jean fut médiateur avec Guillaume, comte de Vienne,
entre Philippe de Savoie, élu de Lyon, et Albert de la
Tour ; celui-ci dut faire hommage de Saint-André de Rever-
mont et punir les assassins des sergents de l'élu (29 septembre 1250). De Gênes, Innocent IV confia à l'archevêque
de Vienne et à l'évêque de Grenoble la pénible mission de
sommer Amédée, comte de Savoie, d'avoir à réparer dans
le délai de deux mois, sous peine d'excommunication, les
torts faits par lui à l'Eglise romaine (9 juin 1251). Ce ne
fut pas une vaine menace, car, un an après, le pape annonçait à Jean de Bernin qu'Amédée venait d'être absous de la
sentence qu'il avait encourue pour avoir suivi le parti de
l'empereur Frédéric II (21 mai 1252). De concert avec les
évêques de Maurienne et de Belley, Jean de Bernin pro-
nonça le même jour (16 février 1254/5), deux sentences
entre Thomas, comte de Savoie, comme tuteur de son
neveu Boniface, Pierre et Philippe de Savoie. Ce dernier,
élu de Lyon, non encore sacré (il ne le fut jamais), fit son
testament au moment de partir pour l'Italie (25 mai 1256) ;
il nomma comme exécuteurs pour ses biens du continent,
Jean, archevêque de Vienne, et Guy de Boczosel. Notre
prélat figure comme témoin dans la donation par Béatrix
de Savoie, veuve du comte de Provence, de son château des

Echelles à l'ordre de Saint-Jean-de-Jérusalem (8 novembre 1260), et comme exécuteur dans les trois testaments de cette princesse (14 janvier, 21 et 22 février 1263/4).

Dans la masse des pièces relatives à Jean de Bernin, les faits personnels sont peu nombreux.

Son chapelain, Jean Maneseus, était avec lui au château de Malleval, le 11 mai 1243.

Le 26 septembre 1247, il racheta de l'abbesse de Saint-André-le-Haut à Vienne une redevance qui grevait une vigne qu'il avait acquise au carrefour *(trivium)* du bas de la ville.

Innocent IV l'autorisa à pourvoir son clerc Elie, déjà chanoine de Viviers, d'un bénéfice à Valence (12 juillet 1253).

Jean avait un parent, dont l'initiale G. nous est seule connue, qui cumulait les fonctions de sacristain de Notre-Dame de Grenoble et de prieur de Saint-Martin-de-Miséré. Le Dauphin se joignit à lui pour prier le pape d'autoriser ce cumul de bénéfices : Innocent IV s'y prêta volontiers (31 juillet 1253).

Quelques menus faits pour finir concernant divers seigneurs et localités.

Albert, seigneur de la Tour, se soumettait vers le 13 octobre 1238, à l'excommunication des archevêques de Lyon et de Vienne, au cas où il n'exécuterait pas un accord avec Cluny.

Alix de Royans, dame de Saint-Jean-de-Bournay, sœur

d'Albert de la Tour et veuve de noble Osasicca, testa en
mars 1248. Elle désigna comme exécuteurs de ses dernières
volontés l'archevêque de Vienne et son neveu Hugues de
la Tour, sénéchal de Lyon. Jean en délivra un vidimus le
12 mars 1250/1.

Lui, l'évêque de Clermont et l'abbé de Saint-Pierre de
Vienne attestèrent l'excommunication de ceux qui avaient
ravagé les terres du croisé Albert de la Tour, puis leur
absolution après satisfaction (1er mars 1250/1).

Il présida en 1251, de concert avec Hugues de la Tour,
sénéchal de Lyon, une enquête d'où il résulta qu'Aynard,
seigneur de Clermont, avait reconnu tenir d'Albert, seigneur de la Tour, les châteaux de Clermont, Peladru et
Virieu.

A Vienne, en mars 1251, il approuva la donation d'Alix
de Baux à son neveu le clerc Adémar.

Il fut chargé par Innocent IV, alors à Lyon, de faire
exécuter sa bulle portant confirmation des franchises
accordées aux bourgeois de Bourg (11 avril 1251).

Le pape Alexandre IV le charge de dispenser du qua-
trième degré de consanguinité Guillaume Artaud et Flote,
fille d'Adémar de Sassenage, en vue de mettre fin, par ce
mariage, aux inimitiés de leurs parents (20 mars 1255).

Il atteste, dans sa bastide à Vienne, qu'Artaud, seigneur
de Roussillon, a émancipé son fils Guillaume et lui a fait
don de son Château-Neuf (10 février 1257/8).

*
* *

Dans ses dernières années, Innocent IV semble avoir
diminué de sympathie et de confiance à l'égard du vénérable
archevêque de Vienne. Après l'avoir chargé de procéder
à la réforme des monastères de sa province, il retira de sa

juridiction l'abbaye de Saint-Chef — on l'a vu plus haut —
le menaçant des foudres du doyen de Clermont, au cas où
il ne tiendrait pas compte de cette prohibition (11 mai
1253). Il est juste d'ajouter que ce post-scriptum, presque
injurieux, est absent de la même lettre envoyée le
7 juin suiv. Quels pouvaient être les droits de l'abbé de
Saint-Chef à une bienveillance particulière ? La bulle ne le
dissimule pas : Aynard était le frère de Guy, évêque de
Clermont, de la célèbre maison de la Tour, qui devait un
jour présider aux destinées du Dauphiné. Innocent IV
prodigua les faveurs à Aynard (3o juillet 1253, 24 janvier
1254). De plus, il l'autorisa à dispenser ses religieux de la
règle de saint Benoît dans les matières non essentielles.
On était à l'époque où, sans le vouloir, la papauté éner-
vait la discipline ecclésiastique par l'emploi trop fréquent
des dispenses.

⁂

L'historien CHARVET exprimait le regret de n'avoir jamais
pu rencontrer le sceau en cire de notre prélat, dont il croyait
tous les exemplaires perdus (p. 386). A notre connaissance,
Jean de Bernin en eut trois différents, que nous avons rencon-
trés chacun plusieurs fois. — Le plus petit, de forme ovale
comme les autres, mesure quatre centimètres et demi ; l'archevêque est représenté en pied, vêtu de ses habits pontificaux,
la mitre en tête, la crosse dans la main gauche et la droite
en action de bénir le peuple ; on lit en légende : ✳ : s : IOHIS :
ARC/HIEPI : VIENN : . — Dans le second, qui a soixante-deux
millimètres, le prélat est assis, revêtu des mêmes ornements ; la légende est à peu près semblable : ✳ : s'IOHIS :
ARCHIEPI/SCOPI : VIENNENSIS : . — Le troisième est remarqua-
ble : long de sept centimètres, il représente le prélat comme

dans le précédent ; la légende n'est guère différente : ✳ :
s ⁘ IOHIS : ARCHIEPI/SCOPI. VIENNENSIS : ; mais au revers se
trouve un contre-scel de cinq centimètres, qui montre
l'archevêque en pied comme dans le numéro 1 ; il a pour
légende : ✳ : s : IOHIS ARC/HIEPI : VIENN.

Il eut de plus une bulle en plomb, dont M. Gust. VALLIER
a décrit un exemplaire, sans pouvoir déterminer l'acte
auquel il était appendu[1]. Elle est ronde, comme les
monuments de ce genre, et mesure quatre centimètres.
L'avers est anépigraphique : archevêque mitré et revêtu
de la chasuble, assis de face sur un siège à têtes de lion,
bénissant de la main droite et tenant la crosse de la gauche,
et accosté du soleil et de la lune. Revers : IOHANNES. AR-
CHIEPS-VIENN', en quatre lignes séparées par des traits dans
le champ.

Voici la nomenclature chronologique des pièces auxquel-
les on a apposé le sceau de Jean de Bernin, avec l'indication
de l'établissement ou des personnages que concerne la
charte :

23 avril, 30 juin et 1ᵉʳ juillet 1218 : ville de Die ; 6 juin
1220 : prieuré de la Seauve-Bénite; mai 1223 : prieuré de
Saint-Robert-de-Cornillon; 25 novembre 1224 : Saint-Martin-de-Miséré ; 1ᵉʳ février 1227 : chapitre de Champagnier ;
4 mars 1232 : ville de Chambéry ; 1232 : chartreuse des
Ecouges; 2 septembre et 20 novembre 1233 : abbaye de
Léoncel ; 1235 : abbaye de Saint-André-le-Haut ; décembre
1236 : les Ecouges; août 1239 : Léoncel; novembre 1242 :
prieuré de Saint-Sauveur-en-Rue ; 19 janvier 1245/6 :
Amédée de Savoie et le Dauphin ; 16 février 1246/7.
30 octobre 1248 et 17 avril 1249 : Léoncel; 1250 : Guillaume de Beauvoir et Pierre de Savoie ; janvier 1250/1 :

---

[1] *Revue du Dauphiné et du Vivarais* (1877), t. I, p. 447-8.

abbaye de Bonnevaux ; 8 septembre 1251 : Saint-Sauveur-en-Rue ; 13 février 1252/3, 15 mai 1253 : Léoncel ; 19 mars 1254/5, 10 mars 1256/7 : Saint-Sauveur-en-Rue ; 4 juillet 1257 : Léoncel ; 26 janvier 1257/8 : Saint-Sauveur-en-Rue ; 28 mai 1259 : la Maison-Dieu de Vienne ; 5 février 1259/60 : Saint-Sauveur-en-Rue ; 21 juillet 1260 : Artaud et Guillaume de Roussillon ; 20 mars 1260/1 : Léoncel ; 5 octobre 1261 : Aynard de Clermont et Hugues de la Tour ; 5 décembre 1261, novembre 1262 et 18 février 1262/3 : Saint-Sauveur-en-Rue ; 2 mars 1262/3 : Léoncel.

⁂

CHARVET assure (p. 398) qu'en 1265 le pape Clément IV « appela auprès de lui (à Pérouse, où résidait la cour pontificale) Jean de Bournin, dont il connoissoit les vertus et les talens. Il lui confia le soin de ses intérêts, mais il ne le conserva pas long-tems. La mort enleva ce grand prélat l'année suivante. Son corps fut rapporté dans son diocèse et enterré dans l'église des Frères Mineurs de Romans : ceux de Vienne eurent son cœur ; et ils firent peindre notre archevêque sur la muraille de leur église, présentant son cœur à saint François ». Il explique ensuite la méprise qui lui a fait attribuer la dignité de cardinal.

En réalité, Jean mourut le 17 avril 1266, peut-être à Romans, comme son prédécesseur saint Barnard, certainement pas à Pérouse, car, six jours après, le 23, le chapitre de Saint-Maurice de Vienne partagea entre ses membres les bénéfices qu'il laissait vacants *(Reg. ms. orig.)*. Nous en aurions le dénombrement précis si, malheureusement, cette division ne comprenait en même temps les biens dont avait joui Jean Chalvet, qui, pendant de longues années administra les anniversaires de Saint-Maurice. L'acte énumère : Saint-Clair, Saint-Etienne de Volum, Faramans,

la vigne *de Acu*, Saint-Victor, Saint-Georges-de-Montagne,
et un total de deux cent quatre-vingts sols de cens.

N'étant pas religieux, Jean de Bernin avait pu faire un
testament sans y être spécialement autorisé par le pape. Il
en fit sûrement un, bien que le texte n'en ait pas été signalé,
car, l'année même de sa mort, la clause par laquelle il don-
nait au dauphin ce qu'il possédait dans la paroisse du Sappey,
fut confirmée par l'exécuteur testamentaire (*Inventaire de
1346*, n° 979; cf. *1277*, n° 192).

Le *Nécrologe de Saint-Robert* relate au 18 avril que ce
couvent avait reçu de lui trente sols de cens, qui furent placés
à Moirans, et qu'on devait célébrer pour lui un office solen-
nel (p. 18).

⁂

L'historien de Saint-Barnard de Romans a porté sur Jean
de Bernin un jugement d'ensemble, que les nombreux documents utilisés ici confirment pleinement, et cette apprécia-
tion, si autorisée, mérite d'être retenue; aussi bien sera-t-
elle pour ce mémoire la meilleure des conclusions.

« L'épiscopat de Jean de Bournin, a dit M. GIRAUD, le
plus long de tous ceux qui ont régi le siège de Vienne, fut
aussi l'un des plus glorieux. Aucun de ses prédécesseurs ou
de ses successeurs n'y a laissé des traces plus nombreuses et
plus éclatantes de son passage. Eglises, monastères, hôpitaux, ponts, ses soins et ses libéralités s'étendoient à tout;
son épitaphe, qui énumère les travaux auxquels il a présidé,
le loue de la manière la plus convenable et la plus digne
par cette énumération même; mais cet acte, conforme à
l'esprit du temps, se borne à rappeler les ouvrages que le
diocèse, en particulier, lui doit sous le rapport surtout des
besoins religieux, et, sauf une phrase très courte sur son

gouvernement temporel et une allusion très détournée à ses fonctions de légat, il n'y est pas envisagé sous le point de vue de la politique générale de son temps, à laquelle il se mêla cependant avec habileté et succès, et où il ne se distingua pas moins que dans l'accomplissement de ses devoirs d'archevêque. Nous avons fait ressortir sommairement sa conduite prudente et ferme pendant sa légation dans la guerre contre les Albigeois. Dans la grande lutte de l'Empire et de la Papauté qui agitoit alors l'Église, Jean de Bournin sut accorder à la fois, sans user de duplicité, tâche difficile, ce qu'il devoit à l'empereur, son suzerain, et au pape, son chef spirituel. Considéré de l'un et de l'autre, de Frédéric, dont il étoit l'archichancelier dans son royaume de Bourgogne, et qui lui donne, en lui écrivant, le titre de prince; d'Innocent IV qui, à sa prière, consacre solennellement la cathédrale de Saint-Maurice, son influence l'avoit rendu l'arbitre de tous les différends entre ses voisins; et, grâce à son esprit conciliant, son diocèse put jouir d'une paix qui ne fut pas troublée un seul instant pendant son administration quasi semi-séculaire [1]. »

[1] *Essai historique sur l'abbaye de Saint-Barnard et sur la ville de Romans*, t. II, p. 35-7.

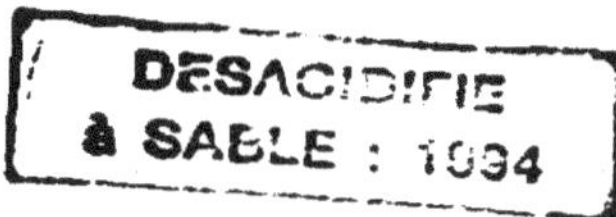

Lyon. — Imprimerie A. REY, 4, rue Gentil. — 53554